Le Canada vu de près

Roches et minéraux

Joanne Richter

Texte français de
Claudine Azoulay

Éditions
SCHOLASTIC

Crédit pour les illustrations et les photos

Couverture (en bas) : Firstlight/Photoresearchers; couverture (en haut), p.12 : Firstlight; p. iii, 2, 19, 34, 42, 43, 48 : istock; p. 3 : Image du NASA Goddard Space Flight Center par Reto Stöckli (surface de la terre, eau peu profonde, nuages). Enrichissement d'image par Robert Simmon (couleur des océans, composition, globes 3D, animation). Données et soutien technique : MODIS Land Group, MODIS Science Data Support Team, MODIS Atmosphere Group; données supplémentaires du MODIS Ocean Group : USGS EROS Data Center (topographie); USGS Terrestrial Remote Sensing Flagstaff Field Center (Antarctique); Defense Meteorological Satellite Program (lumières de la ville); p. 8, 15, 16, 28, 35, 41, 44 (en bas), 46 (à gauche), 50–51 (or, diamant, améthyste, gypse, sylvine, fluorine) : images reproduites avec la permission du ministre de Travaux publics et Services gouvernementaux Canada, 2007, et gracieuseté de Ressources naturelles Canada, Commission géologique du Canada; p. 9, 11, 36, 44 (en haut), 45, 47, 50–51 (talc, wolframite) : gracieuseté de Roger Weller; p. 18, 26, 27, 31, 50–51 (saphir) : gracieuseté de True North Gems; p. 20 : gracieuseté de Richard Hess; p. 22, 50–51 (labradorite) : gracieuseté de Godfrey Nolan; p. 13, 24, 50–51 (ammolite) : gracieuseté de Korite International Ltd; p. 30 : Javier Trueba/MSF/SPL/PUBLIPHOTO; p. 32 : gracieuseté de Diavik Diamond Mines Inc; p. 33 : photo de Jiri Hermann, gracieuseté de Diavik Diamond Mines Inc; p. 39 : The Royal Tyrell Museum; p. 46, 50-51 (agate) : GMB Services

Catalogage avant publication de Bibliothèque et Archives Canada
Richter, Joanne
    Roches et minéraux; Joanne Richter;
texte français de Claudine Azoulay.
(Canada vu de près)
Traduction de : Canada's rocks and minerals.
ISBN 978-0-545-99935-9
    1. Roches--Canada--Ouvrages pour la jeunesse. 2. Minéraux--Canada--Ouvrages pour la jeunesse. I. Azoulay, Claudine II. Titre. III. Collection.
QE432.2.R3514 2007   j552.0971   C2007-902754-7

Édition publiée par les Éditions Scholastic, 604, rue King Ouest, Toronto (Ontario) M5V 1E1 CANADA.

6 5 4 3 2 1   Imprimé au Canada   07 08 09 10 11

Table des matières

Introduction

Aimes-tu collectionner les roches?
On en trouve de toutes les formes et
de toutes les couleurs. Certaines sont
rugueuses et acérées; d'autres sont
lisses et rondes. Elles peuvent être
aussi grosses qu'une montagne ou
aussi petites qu'un grain de sable.
Tu peux les trouver dans la forêt,
sur la plage ou dans un champ.

Le Canada est un pays immense qui
a mis trés longtemps à se former. Cela
signifie qu'on trouve des roches qui
sont différentes d'un bout à l'autre
du pays. Collectionner des roches au
Canada peut s'avérer très amusant.

Allons donc découvrir les roches et les
minéraux!

Chapitre 1

Comment se forment les roches et les minéraux

As-tu déjà observé de près une poignée de roches? Qu'est-ce qui les rend si différentes les unes des autres? Quelle est la différence entre une roche et un minéral?

Les roches sont constituées de **minéraux.** Un minéral est une substance solide qui se forme dans la nature mais qui n'est pas vivante. Les minéraux, eux, sont constitués d'**éléments**. Un élément ne peut pas se décomposer en autre chose. Certaines roches ne sont constituées que d'un seul élément. D'autres sont formées de morceaux de plusieurs éléments, à la manière d'un casse-tête.

Chaque type de minéraux possède une recette qui lui est propre. Un minéral peut être constitué d'un seul et unique élément, ou d'un grand nombre d'éléments combinés. Toutefois, cette recette demeure toujours la même.

Il y a des millions d'années, la Terre s'est formée à partir d'un épais nuage de gaz chaud et de poussière qui encerclait le soleil. Le gaz s'est refroidi et la poussière s'est agglomérée pour devenir de la roche.

Au fil du temps, les éléments les plus lourds de la Terre se sont enfoncés jusqu'au centre de la planète. Les éléments plus légers sont restés à la surface. C'est ainsi que la roche terrestre s'est constituée en couches.

Pour comprendre plus facilement, on peut comparer la Terre et ses couches à un œuf dur. La **croûte** terrestre, aussi appelée écorce, est semblable à la coquille de l'œuf. Elle est dure, mais peut quand même se briser. Et, comme dans l'œuf, la croûte est mince si on la compare au reste de la planète. Par endroits, son épaisseur n'est que de 5 kilomètres.

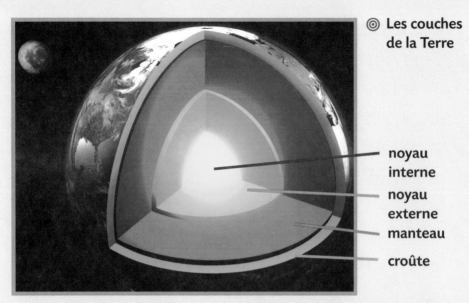

noyau interne

noyau externe

manteau

croûte

Le **manteau** de la Terre est comparable au blanc de l'œuf. Cette couche est très chaude et a une épaisseur d'environ 3000 kilomètres. C'est la distance entre St. John's et Toronto.

Au centre de la Terre se trouve le **noyau**. Il correspond au jaune de l'œuf. C'est la partie la plus chaude de la Terre. En réalité, le noyau est formé de deux couches, toutes les deux composées d'un minéral appelé fer. La couche extérieure est liquide tandis que la couche intérieure est solide. Le noyau a une épaisseur d'environ 3500 kilomètres.

Il y a une activité intense sous nos pieds. Les couches de roche bougent, se réchauffent, se refroidissent et se transforment même complètement. En outre, le vent et l'eau sont capables de déplacer des morceaux de roche. Toutes ces forces engendrent les trois types de roches qu'on trouve sur la Terre : les **roches sédimentaires**, les **roches ignées** et les **roches métamorphiques**.

Quand une roche devient très chaude, elle fond et devient liquide. Lorsqu'elle refroidit, elle redevient solide. Il existe de la roche chaude et liquide, appelée **magma**, sous la croûte terrestre. Lorsque la roche fondue parvient à la surface de la Terre ou à proximité, elle refroidit et devient une roche ignée solide. Le terme igné vient du mot latin *igneous* qui signifie « feu ». Le granite et la pierre ponce sont deux variétés de roches ignées.

Le magma peut remonter à la surface de deux manières. Il peut se frayer lentement un passage à travers les couches de la Terre (granite), ou bien il peut jaillir brusquement des profondeurs, ce qui crée un volcan (pierre ponce).

Les roches sédimentaires sont constituées de petits fragments de pierres, de coquillages et de plantes qui se sont détachés de la Terre et ont été soufflés par le vent, poussés par la glace ou transportés par l'eau. Ces fragments, appelés sédiments, se sont déposés au fond des océans et des lacs. Au fil de millions d'années, ils se sont tassés et ont formé un bloc solide.

Au-dessus du niveau du sol, le magma s'appelle de la lave.

En général, les roches sédimentaires sont formées de couches de minéraux différents, bien visibles. Il arrive que des plantes ou des animaux morts restent coincés entre les couches de roche. Les empreintes qu'ils laissent s'appellent des fossiles. Le grès et le calcaire sont deux variétés de roches sédimentaires.

◉ Corniche de grès sur l'île Ellesmere, dans les Territoires du Nord-Ouest.

Une des caractéristiques utilisées pour identifier un minéral est sa dureté. Fais toi-même cette expérience : frotte un échantillon contre un autre. Celui qui laisse une marque sur l'autre est le plus mou. L'échelle de Mohs a été inventée par un **minéralogiste** allemand dénommé Friedrich Mohs. La dureté d'un minéral est déterminée selon une échelle qui va de 1 à 10, 1 étant le minéral le plus mou. L'échelle donne un exemple de minéral pour chacune des 10 mesures. Ton ongle se classe environ à 2,2 sur cette échelle.

Échelle de Mohs

1. Talc	6. Microcline
2. Gypse	7. Quartz
3. Calcite	8. Topaze
4. Fluorite	9. Corindon
5. Apatite	10. Diamant

Les roches métamorphiques sont d'abord des roches sédimentaires ou ignées. Les couches de la Terre se déplaçant constamment, ces roches sont parfois enfouies profondément. La chaleur et la pression sont très fortes dans les profondeurs de la Terre. Au fil du temps, cette chaleur et cette pression peuvent transformer les minéraux qui passent alors d'un type à un autre. Par exemple, le calcaire, une roche sédimentaire, peut devenir du marbre, une variété de roche métamorphique.

Le Canada regorge de roches et de minéraux d'une grande diversité. Regarde simplement autour de toi et tu en découvriras à coup sûr.

Chapitre 2

En creusant dans le sol du Canada

Les scientifiques qui étudient les roches et les minéraux sont des **géologues**. Ils cherchent des indices qui leur permettront d'évaluer l'âge d'un terrain et comment celui-ci s'est formé.

Les couches inférieures des roches sédimentaires sont les plus anciennes. Les couches supérieures sont les plus récentes. En étudiant ces couches, les scientifiques sont en mesure de « lire l'histoire » du terrain.

Les fossiles de plantes et d'animaux qu'on trouve dans les roches sédimentaires peuvent aussi nous révéler beaucoup de choses. Y avait-il autrefois un océan sur ce terrain? À quelle époque vivaient ces créatures?

◎ Quand un animal meurt, la poussière et la terre se déposent sur lui pendant des siècles. Puis, à cause de l'érosion, la surface s'use et expose le fossile préservé.

Le Canada est si vaste qu'il comprend plusieurs régions géologiques très différentes les unes des autres. Chacune d'elles a un âge et une histoire qui lui sont propres.

Le Bouclier canadien est la région la plus étendue du Canada. Il couvre des parties de l'Ontario, du Québec, du Manitoba, du Nunavut, des Territoires du Nord-Ouest, et de Terre-Neuve-et-Labrador.

◎ Rocher du Bouclier canadien dans les Territoires du Nord-Ouest

Le Bouclier renferme des roches parmi les plus anciennes au monde! Sa roche très dure, par exemple, est âgée de 2 à 4 milliards d'années. Par endroits, le roc est veiné de minéraux métalliques, tels que le nickel, l'or, l'argent et le cuivre.

Bien longtemps après la formation du Bouclier canadien, des régions de hautes montagnes et de vallées profondes y sont apparues. Les montagnes Rocheuses se sont soulevées à l'ouest. D'autres chaînes de montagnes se sont formées dans certaines régions de l'Arctique au nord et dans la plupart des provinces atlantiques à l'est.

◎ Le charbon est une source d'énergie.

Toutes ces régions se sont formées à partir de couches sédimentaires au fond de l'océan. Au cours de millions d'années, les roches ont émergé pour former de longues chaînes de montagnes. Dans ces régions, la roche est riche en charbon, lequel est constitué de sédiments provenant d'anciennes plantes. Nous utilisons le charbon comme source d'énergie.

Certaines régions du Canada, comme les plaines basses de l'Alberta, ont déjà été recouvertes de mers et de marécages. Les roches sédimentaires qui formaient ces plaines étaient remplies de minuscules créatures marines. Des millions d'années plus tard, les corps de ces créatures se sont transformés en une matière appelée **pétrole**. Et du pétrole, on tire l'essence utilisée pour faire fonctionner les automobiles.

◎ Autrefois, les gens utilisaient de simples outils de pierre pour extraire le cuivre de la roche. De nos jours, d'énormes machines font presque tout le travail.

On peut utiliser les roches et les minéraux de multiples façons. Mais avant, il faut les **extraire**. On extrait des roches et des minéraux au Canada depuis des centaines d'années.

Le charbon et le pétrole sont des « combustibles fossiles ».

Au Canada, nombre d'endroits sont célèbres pour leurs minéraux. Il y a plus d'une centaine d'années, on a découvert de l'or au Yukon. Les gens se sont rués vers cette région dans l'espoir de s'enrichir. Aujourd'hui, le Yukon est renommé pour ses gemmes. La région de Rapid Creek, notamment, est réputée pour son magnifique minéral bleu, la lazulite.

Améthystes polies

La ville de Sudbury, en Ontario, est célèbre pour le « Big Nickel », la pièce de monnaie la plus grosse au monde.

En Ontario, des mines profondes situées autour de la ville de Sudbury fournissent du nickel au monde entier. (Peux-tu deviner quelles pièces de monnaie canadiennes sont fabriquées avec ce minéral?) La ville de Cobalt, aussi en Ontario, possède l'une des mines d'argent les plus riches au monde. Une autre ville ontarienne, Bancroft, compte une grande variété de minéraux. Une fois par an, cette ville organise un festival de minéralogie, durant lequel les minéralogistes amateurs sont invités à creuser les alentours à la recherche de trésors.

On découvre constamment de nouveaux minéraux inconnus au mont Saint-Hilaire, au Québec, le site minéral le plus riche au Canada. On a aussi découvert beaucoup de minéraux rares dans la carrière Francon, à Montréal, au Québec. L'un de ces minéraux, la montroyalite, porte ce nom car la montagne située au cœur de la ville s'appelle le mont Royal.

On appelle minéralogistes amateurs les gens qui étudient et collectionnent les roches et les minéraux par plaisir.

Les noms des minéraux sont attribués de plusieurs façons. La montroyalite est l'un des nombreux minéraux dont le nom est dérivé d'un lieu canadien. La bytownite provient de la ville de Bytown, aujourd'hui Ottawa. L'athabascaite tire son nom du lieu où on la trouve, le lac Athabasca, en Saskatchewan. Peux-tu deviner à quel endroit on trouve de la yukonite et de la labradorite?

◎ La labradorite est une roche que l'on trouve au Labrador et à Terre-Neuve

Les minéraux peuvent aussi porter le nom d'une personne. En général, il s'agit de scientifiques qui étudient les roches et les minéraux. Les minéraux weloganite, peterbaylissite et yofortierite portent des noms évoquant des géologues canadiens, Sir William E. Logan, le premier directeur de la Commission géologique du Canada, principal organisme d'information et de recherche dans le domaine des sciences de la Terre au Canada. Dr Peter Bayliss et Yves O. Fortier. Le nom de l'abénakiite rend hommage au peuple autochtone abénaki.

Parfois, au lieu d'attribuer aux minéraux des noms dérivés de celui d'une personne ou d'un lieu, ce sont les lieux qui reçoivent le nom des minéraux qu'on y trouve. As-tu déjà visité Asbestos (amiante en anglais), au Québec, Gypsumville (la ville du gypse), au Manitoba, ou Uranium City (la ville de l'uranium), en Saskatchewan?

L'ammolite n'est pas un vrai minéral. Elle est constituée de coquilles de créatures marines qui ont vécu il y a 70 millions d'années. C'est ce qu'on appelle une gemme **biogène**. Cela signifie qu'elle provient

◎ On se sert de l'ammolite pour faire des bijoux.

d'une matière qui était vivante. Les perles et l'ambre sont deux autres gemmes biogènes. L'ammolite n'est extraite que dans une petite région du sud de l'Alberta. Elle est très appréciée en raison de ses incroyables couleurs semblables à celles de l'arc-en-ciel.

Les roches et les minéraux canadiens sont employés partout. Les roches de construction, comme le calcaire, le granit, le marbre et l'ardoise, sont transformées en sols, murs, toits, allées et comptoirs. On les broie pour en faire du gravier et on les mélange au ciment.

Certains minéraux sont réduits en poudre pour faire de la peinture. D'autres sont fondus ensemble pour faire du verre. Les minéraux métalliques, comme le nickel, l'acier et l'aluminium, se retrouvent dans nos marmites, les fermetures éclair et les automobiles que nous conduisons. Les métaux entrent aussi dans la composition des fils électriques, pièces de monnaie et bijoux. Regarde autour de toi et compte combien de minéraux tu peux trouver.

Certains territoires et provinces du Canada se sont choisi un **emblème** minéral. Comme le drapeau ou la fleur, un emblème minéral fournit des indications sur un lieu. Voici nos emblèmes minéraux canadiens :

Territoires du Nord-Ouest : **l'or**
Yukon : **la lazulite**
Colombie-Britannique : **le jade**
Alberta : **le bois pétrifié** (une sorte de fossile)
Ontario : **l'améthyste**

Chapitre 3

Cristaux et gemmes

Dans les profondeurs de la Terre, une chaleur et une pression intenses ont une action incroyable sur les roches. Ces forces peuvent donner naissance à des **cristaux** minéraux qui sont extrêmement durs, transparents, et souvent de couleur vive. Ces minéraux sont surtout appréciés pour leur beauté. Une fois taillés et polis, ils deviennent des **gemmes**.

Savais-tu que les minéraux sont capables de se développer? C'est vrai! S'ils ont suffisamment d'espace et beaucoup de temps, tous les minéraux peuvent se développer et prendre des formes que nous appelons des cristaux. Il existe différentes formes de cristaux. Certains ressemblent à une grappe de raisin. D'autres sont semblables à des baguettes de mikado ou à des gros cubes de construction. Observe attentivement un grain de sel. C'est un cristal minéral lui aussi. Ces formes variées aident les scientifiques à différencier les cristaux.

◎ On peut voir de petits cristaux dans la calcite, quand on l'examine avec un microscope électronique.

Les gemmes sont d'une beauté éblouissante quand on les utilise en bijouterie ou en décoration. De plus, les gens leur donnent parfois une signification. Les pierres de naissance sont des gemmes emblèmes. Il y en a une pour chaque mois de l'année. Une grand-mère porte quelquefois une bague ornée des pierres de naissance de chacun de ses petits-enfants.

Il y a longtemps, on attribuait aux gemmes des pouvoirs spéciaux, et certaines personnes croient encore qu'elles en ont. L'aigue-marine était censée protéger les marins en mer. Le jade est censé porter bonheur.

Les mois et leurs pierres

Janvier : le grenat

Février : l'améthyste

Mars : l'aigue-marine

Avril : le diamant

Mai : l'émeraude

Juin : la perle

Juillet : le rubis

Août : le péridot

Septembre : le saphir

Octobre : l'opale

Novembre : la topaze

Décembre : la turquoise

Étonnantes géodes

Si tu vas te promener dans le désert ou près d'un ancien volcan, tu pourrais trouver par hasard une petite roche creuse. Brise-la et voici... un trésor scintillant! Les géodes se forment quand une bulle d'air est piégée dans la terre. Avec le temps, l'extérieur de la bulle se solidifie et devient de la roche. L'eau pénètre ensuite dans la bulle et y dépose des minéraux. Sur une période de plusieurs millions d'années, ces minéraux se développent et se cristallisent. Deux des plus grandes géodes du monde se trouvent à Almeria, en Espagne, et à Put-in-Bay, dans l'Ohio, aux États-Unis.

◎ Imagine une géode si grande que tu pourrais te promener à l'intérieur!

◎ Les émeraudes sont polies pour faire des bijoux.

On extrait de magnifiques gemmes dans la plupart des provinces et des territoires du Canada. L'émeraude verte est extraite au Yukon; le saphir d'un bleu profond vient du Nunavut. On trouve des gemmes de la famille des quartz, telles que les agates et les améthystes, en Nouvelle-Écosse et en Ontario. De plus, il y a des mines de grenat au Québec, et on a découvert des opales en Colombie-Britannique.

◎ Diamants bruts

◎ Diamants taillés et polis

Cependant, les joyaux canadiens
les plus connus sont nos diamants. En
1991, deux géologues ont découvert
des diamants dans les Territoires du
Nord-Ouest. On n'a pas tardé à creuser
un trou gigantesque dans la Terre et
Ekati, la première mine de diamants
du Canada, est née. Il existe
maintenant d'autres mines de
diamants dans le nord du Canada et
les prospecteurs professionnels
s'affairent à en trouver d'autres.

Quand Eira Thomas a commencé son travail de géologue, elle s'est rendue dans les Territoires du Nord-Ouest, avec son chien pour seul compagnon. Elle avait pour tâche de chercher des diamants. En 1994, elle a emmené une équipe dans le nord pour y percer la glace. Ce qu'elle a découvert l'a rendue célèbre! Eira Thomas n'avait que 24 ans et pourtant, elle a trouvé une quantité considérable de diamants de la plus haute qualité.

◎ La mine de Diavik dans les Territoires du Nord-Ouest.

Chapitre 4

Les plus belles roches du Canada

Le Canada est riche en roches et minéraux, mais certains d'entre eux sont exceptionnels.

Le diamant est le minéral le plus dur au monde, mais savais-tu que le minéral le plus mou est aussi extrait ici, au Canada? Il s'agit du talc. On peut s'en servir pour fabriquer de la poudre pour bébés, du papier, de la peinture, du plastique et même de la gomme à mâcher et des bonbons! La majeure partie du talc canadien provient du Québec et de l'Ontario. Le talc se retrouve aussi dans une roche tendre appelée stéatite ou pierre à savon, qui est extraite dans plusieurs provinces et territoires. Les artistes inuits du nord du Canada sont réputés pour leurs sculptures en stéatite.

◎ Le talc sert à divers usages dans la vie de tous les jours.

Le Canada extrait plus d'uranium que n'importe quel autre pays au monde. La plus grande partie de notre uranium est extraite dans le nord de la Saskatchewan. On l'utilise dans le monde entier pour produire de l'énergie nucléaire. Certains pays utilisent l'énergie nucléaire pour faire de l'électricité.

Le Canada produit aussi plus de zinc que n'importe quel autre pays. Et on utilise beaucoup de zinc dans le monde! On en trouve dans les piles, les crèmes pour bébés, les écrans solaires, les peintures, les vitamines, les pièces de monnaie, et les pièces d'automobiles et d'avions. Le zinc est extrait dans presque tous les territoires et provinces canadiens.

Plus d'un pays affirme posséder la roche la plus vieille au monde. Mais les géologues ont trouvé des minéraux dans les Territoires du Nord-Ouest, au Canada, qui pourraient bien être les plus anciens de tous. Ces minéraux, qui proviennent de la roche connue sous le nom de gneiss d'Acasta, ont plus de 4 milliards d'années.

Les roches canadiennes renferment aussi les plus beaux fossiles. En Alberta, le parc provincial Dinosaur est l'un des sites de fossiles de dinosaures les plus riches au monde. Il y a très longtemps, environ 35 espèces de dinosaures peuplaient le territoire. On peut observer tous les fossiles au musée voisin, le Royal Tyrrell Museum. Il y a même un squelette de tyrannosaure.

Un coprolithe de dinosaure est un fossile de crotte de dinosaure!

◎ L'Albertosaure est un dinosaure qui vivait au Canada à l'époque préhistorique.

Savais-tu que quelques-uns des plus beaux fossiles de créatures marines se trouvent en haut des montagnes de la Colombie-Britannique? La couche de roche connue sous le nom de Burgess Shale se trouvait, à une époque, sous l'océan. Elle renferme des fossiles de créatures étranges et merveilleuses, comme le *marrella*, le « crabe à dentelles ».

Les Joggins Fossil Cliffs, en Nouvelle-Écosse, étaient autrefois une forêt marécageuse. Aujourd'hui, les falaises renferment les fossiles des tout premiers reptiles et escargots terrestres du monde. Si tu visites Joggins, tu verras des plantes tropicales qui ont été pétrifiées, c'est-à-dire transformées en pierre. Tu pourrais même voir des empreintes d'animaux dans la roche!

Si tu te promènes sur la plage du parc Miguasha, au Québec, tu as des chances de trouver un fossile. Miguasha est l'endroit le plus réputé au monde pour ses fossiles de poissons datant de 370 millions d'années. Les scientifiques étudient ces fossiles afin de savoir comment les animaux à quatre pattes sont apparus sur terre.

On ne trouve pas des roches uniquement sur la Terre. Il y a des roches sur la Lune, sur certaines planètes et partout dans l'espace. On appelle météorites les petits fragments de roche qui tombent sur la Terre. Tous les deux ou trois ans, quelqu'un au Canada voit une météorite tomber. Beaucoup d'autres sont trouvées par hasard. En général, ces roches sont collectées, puis exposées dans des musées.

Observe bien le ciel. On ne sait jamais quand une météorite pourrait tomber sur notre planète!

◎ Un fragment de météorite trouvé en Saskatchewan.

Chapitre 5

Collectionne-les!

Tu as probablement déjà trouvé quelques roches intéressantes autour de chez toi ou durant une promenade. Voici comment monter une belle collection.

Vérifie quelles variétés de roches et de minéraux tu possèdes déjà. Tu auras besoin d'un guide d'identification. Les guides d'identification sont des ouvrages pratiques, suffisamment petits pour tenir dans la poche, et qui décrivent un grand nombre de variétés de roches et de minéraux. Demande à un adulte de t'aider à trouver un guide avec beaucoup d'illustrations.

◎ On trouve du granite partout au Canada.

◎ Le mica s'effrite en minces feuilles.

Les quatre questions suivantes t'aideront
à **identifier** un minéral : Quelle est sa
couleur? Quel est son éclat? Quelle est
sa dureté? Si c'est un cristal, quelle est
sa forme?

Essaie ensuite d'en savoir autant que
possible sur ton échantillon. Où a-t-il été
trouvé? Comment s'est-il formé? Quel est
son âge? Note tout ce que tu sais. Fais
une étiquette pour chaque échantillon.
Range tes roches et tes minéraux dans
un carton d'œufs, un coffret à bijoux ou
une petite boîte à compartiments.

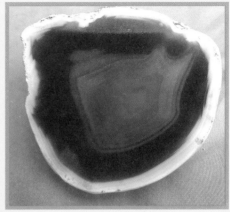

◎ Agate

◎ Serpentine

◎ Vous croyez avoir trouvé de l'or? Mais non, ce n'est que de la pyrite, autrefois appelée « l'or des fous ».

Quand tu trouves un nouvel échantillon, nettoie-le dehors. Utilise de l'eau et une brosse à dents usagée à poils souples.

Tu veux compléter ta collection? Tout d'abord, cherche des roches qui sont jolies ou agréables au toucher. À mesure que tu en apprendras sur les roches et les minéraux, tu pourras faire d'autres choix, comme collectionner des morceaux de quartz de couleurs différentes ou bien des échantillons de granite provenant de diverses régions du Canada.

◎ Hématites polies.

◎ **On trouve des roches partout!**

Il existe plusieurs moyens d'enrichir ta collection et tes connaissances sur le sujet. Tu pourrais participer à une excursion minéralogique d'une journée avec tes parents. Tu pourrais aller voir une exposition minéralogique présentée dans ta municipalité. Tu pourrais visiter un musée ou une boutique de gemmes. Renseigne-toi pour savoir s'il existe un club d'amateurs de minéralogie auquel tu pourrais t'inscrire ou fondes-en un toi-même.

L'étude des roches et des minéraux nous en apprend beaucoup sur notre pays et notre planète. Des roches et des minéraux étonnants se trouvent tout près, pas plus loin que dans ta cour!

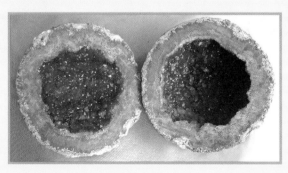

◎ Une géode, c'est une belle trouvaille!

Les minéraux et leur province

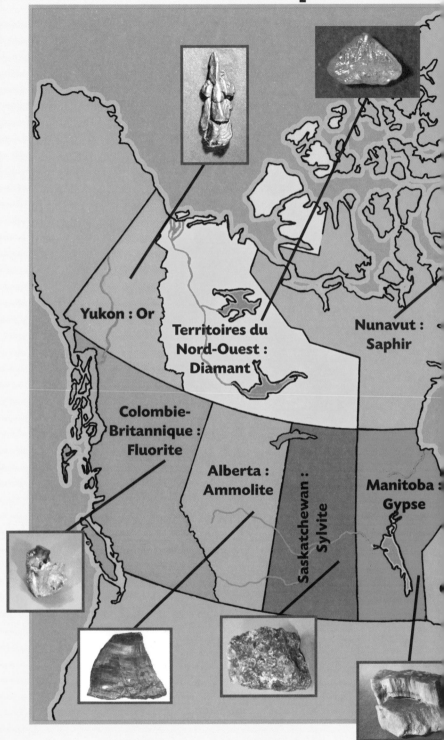

Yukon : Or

Territoires du Nord-Ouest : Diamant

Nunavut : Saphir

Colombie-Britannique : Fluorite

Alberta : Ammolite

Saskatchewan : Sylvite

Manitoba : Gypse

Terre-Neuve-et Labrador : Labradorite

Nouvelle-Écosse : Agate

Île-du-Prince-Édouard

Québec : Talc

: Améthyste

Nouveau-Brunswick : Wolframite

Glossaire

biogène : d'origine animale ou végétale

cristal : forme unique que chaque minéral prend en se développant

croûte : couche extérieure de la Terre; on dit aussi « écorce »

élément : matière qui ne peut pas être décomposée en parties plus petites

emblème : objet ayant une signification particulière

extraire : tirer une matière du lieu où elle est enfouie

gemme : minéral taillé et poli, utilisé en bijouterie ou en décoration

géologue : scientifique qui étudie la Terre, en particulier ses roches et ses minéraux

identifier : découvrir ce qu'est un objet

ignée (roche) : roche qui a d'abord été du magma liquide

magma : roche fondue, présente dans les profondeurs de la Terre

manteau : partie intermédiaire de la Terre, entre la croûte et le noyau

métamorphique (roche) : roche qui a été transformée par la chaleur et la pression présentes sous terre

minéral : matière solide qui se forme dans la nature, mais qui n'est pas vivante

minéralogiste : personne qui étudie les minéraux

noyau : centre de la Terre

sédimentaire (roche) : roche qui s'est formée en couches, en général sous l'eau